Andrea Voermann

magic meets laughing

Andrea Voermann

magic meets laughing

Eine ultimative Anleitung

für Humor in der Zauberkunst:

– von der Theorie zur Praxis –

FSC
www.fsc.org
MIX
Papier aus verantwortungsvollen Quellen
Paper from responsible sources
FSC® C105338

Bibliografische Information der Deutschen Nationalbibliothek: Die Deutsche Nationalbibliothek verzeichnet diese Publikation in der Deutschen Nationalbibliografie; detaillierte bibliografische Daten sind im Internet über http://dnb.dnb.de abrufbar.

Lektorat: Thorsten Frank
Korrektorat: Thomas Liewald-Heuermann
Illustration: Nina Pohovski
Covergestaltung: Thorsten Frank

Verlag: BoD · Books on Demand GmbH, Überseering 33, 22297 Hamburg, bod@bod.de

Druck: Libri Plureos GmbH, Friedensallee 273, 22763 Hamburg

ISBN: 978-3-8192-1084-6

Inhaltsverzeichnis

VORWORT

Liebe Lesende,

natürlich sind im Zaubern die Geheimnisse, die Tricktechnik und die neuesten Kunststücke wichtig und spannend. Aber wie bei jedem Auftreten geht es im Grunde um ganz andere Dinge, die viel wichtiger sind:

Die Bühnenpersönlichkeit, der Gesamtablauf, Emotionen, Zusammenspiel und sicher auch Humor.

Gerade der Humor hat viel mit Spannung und Entspannung in einer Zauberdarbietung zu tun und muss präzise und mit viel Gefühl eingesetzt werden. Andrea gibt uns in diesem Werk viele Anregungen, Übungen und Möglichkeiten zur Selbsteinsicht. Sie hebt nicht den pädagogischen Zeigefinger, sondern führt uns sanft an das Thema heran, unterfüttert mit viel zusammengetragenem Wissen und eigenen Erfahrungen. Sehr angenehm zu lesen und praktisch, um damit wirklich zu arbeiten.

Ich glaube, dass im Zaubern das Thema Humor viel zu selten konkret thematisiert wird und ich hoffe, dass sich durch dieses tolle Heft und die Seminare von Andrea in der Hinsicht einiges ändern wird.

Geniesst das Leben, lacht und lasst andere lachen

– aber immer positiv und voller Respekt.

Christoph Borer

1. EINLEITUNG

„Jedes Ding hat drei Seiten: eine positive, eine negative und eine komische“

(Karl Valentin)

Liebe Leserin, lieber Leser,

vielleicht hast du mein Seminar „Magic meets laughîng“ besucht und möchtest nun noch ein wenig tiefer ins Thema „Humor“ einsteigen.

In diesem Booklet findest du daher eine kleine theoretische Einführung in die Humorforschung. Auch wenn Humor und Lachen häufig gleichgesetzt bzw. synonym verwendet werden, handelt es sich doch um unterschiedliche Dinge. Die Gelotologie (von griechischen gelos für Gelächter) bzw. die Humorforschung beschäftigt sich mit den Auswirkungen von Humor und Lachen auf Körper, Geist und Seele.

Prof. William Fry gründete 1964 das Institut für Humorforschung an der Stanford Universität in Kalifornien. Er fand heraus, dass Lachen dieselben positiven Auswirkungen auf den Körper haben, wie z.B. Joggen.

Das Wissen um die heilende Kraft des Lachens wird seitdem von Ärzten, Therapeuten und Klinikclowns genutzt. Verschiedene Studien konnten zudem belegen, dass Humor Stress reduziert und dass es sich mit Humor und Lachen besser und nachhaltiger lernen lässt.

Dieses Wissen können sich auch Zauberkünstler und Zauberkünstlerinnen für ihre Vorführungen zu Nutze machen.

Aus Gründen der besseren Lesbarkeit wird im Folgenden auf die gleichzeitige Verwendung weiblicher und männlicher Sprachformen verzichtet und das generische Maskulinum verwendet. Sämtliche Personenbezeichnungen gelten gleichermaßen für alle Geschlechter bzw. sexuelle Identitäten.

Um zu verstehen, welche Strategien genutzt können, um gezielt Humor in Zauber-Vorführungen einzusetzen, ist es zunächst sinnvoll, sich mit der Definition des Begriffs „Humor" zu beschäftigen.

Der Volksmund kennt viele Definitionen: „Humor ist, wenn man trotzdem lacht" (Otto Julius Bierbaum) Erich Kästner definiert „Humor als den Regenschirm der Weisen" und Wilhelm Rabe bezeichnet „Humor als den Schwimmgürtel auf dem Strom des Lebens".

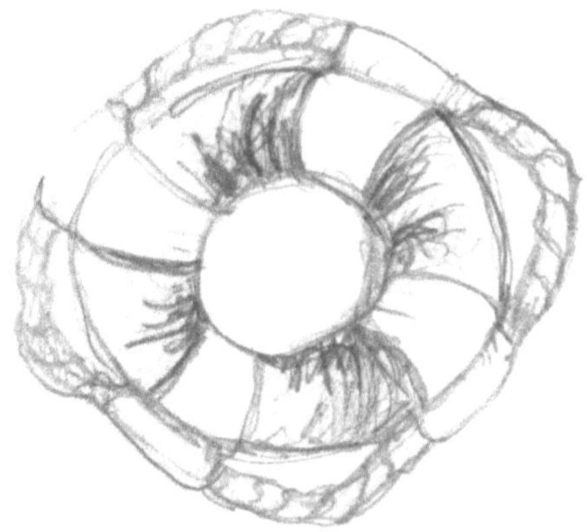

Im Duden lässt sich die folgende Definition finden: „Humor ist die Gabe eines Menschen, den Unzulänglichkeiten der Welt und der Menschen sowie den Schwierigkeiten und Missgeschicken des Alltags mit heiterer Gelassenheit zu begegnen und über sie und über sich lachen zu können."

2. HUMOR

„Nachdem Gott die Welt erschaffen hatte, schuf er Mann und Frau. Um das Ganze vor dem Untergang zu bewahren, erfand er den Humor" Guillermo Mordillo

Der Begriff Humor leitet sich vom lateinischen humor ab, dass Feuchtigkeit, aber auch Körpersaft bedeutet.

In der Antike und bis ins Mittelalter hinein waren damit die Körpersäfte (Blut, Schleim, gelbe und schwarze Galle) gemeint. Wenn man also nun davon sprach, dass ein Mensch Humor besaß, war damit eigentlich gemeint, dass sich seine Körpersäfte in einem ausgewogenen Verhältnis zueinander befanden.

Im 16. Jahrhundert wurde der Begriff „übertragen auf das Seelenleben..." (Hirsch, 2019, S. 20) und erst im 18. Jahrhundert wird der Begriff als „eine persönlichkeits-psychologische Determinante angesehen" (vgl. ebd., S. 20). und zur Beschreibung einer Gesamtstimmung verwendet.

Umgangssprachlich wird Humor als (Geistes-)Haltung definiert. Haltung entwickelt sich entsprechend der persönlichen Biografie und wird von Werten und Normen beeinflusst. Somit kann diese Haltung trainiert und verändert werden. Humor ist also lernbar und welche Methoden und Techniken dabei hilfreich sein können, werden im praktischen Teil (Humor als Werkzeug) beschrieben.

2.1. DER VERSUCH EINER DEFINITION

„Humor ist, wenn man trotzdem lacht“ Otto Julius Bierbaum

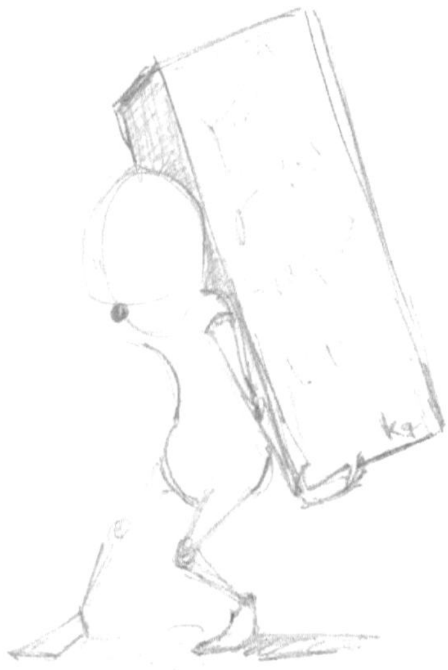

Verschiedene wissenschaftliche Disziplinen bemühen sich um eine Definition von Humor. „Humor kann verstanden werden als ein umfassender und facettenreicher Begriff, der alles beinhaltet, was Menschen sagen oder tun, das andere als lustig wahrnehmen oder sie zum Lachen bringt“ (Fischer et.al., 2024, S. 17).

Die folgenden drei Definitionen zeigen meiner Meinung nach die Bandbreite des Humorbegriffs. Charly Chaplin (1977, S. 214) sieht Humor folgendermaßen: „Durch den Humor sehen wir in scheinbar Rationalen das Irrationale, im scheinbar Bedeutenden das Unbedeutende. Er stärkt auch unsere Fähigkeit zu überleben und bewahrt uns eine klare Vernunft. Der Humor sorgt dafür, dass die Bösartigkeit des Lebens uns nicht ganz und gar überwältigt. Er regt unseren Sinn für Proportion an und lehrt uns, dass in der Überbetonung des Ernsten das Absurde liegt.“
Beispiele für diese Definition lassen sich in seinen Filmen genügend finden. Mit seiner überspitzen und satirischen Darstellung von Adolf Hitler in dem Film „Der große Diktator“ wendet er genau diese Prinzipien an. Die Bösartigkeit dieses Menschen führt er ad absurdum und mit seiner Friedensrede bietet er ein Gegengift zu Hass und Rassismus (Rolling Stone, 2025).

Bei Ezra BenGershôm (2000, S. 14) findet sich folgende ansprechende Definition: „Menschlicher Humor ist ein Lebensgefühl nicht reduzierbarer Art. Nur ein zur Freiheit fähiges Wesen ist zum Humor fähig. Humor zeigt sich in der Fähigkeit eines Menschen, in fast allen seinen Lebensbezügen etwas Komisches zu entdecken, insbesondere in der eigenen Person. So entsteht eine nichtaggressive souveräne Heiterkeit aus dem gnädig-kritischen Herabschauen auf die eigene Ernsthaftigkeit. Der Grenzen seiner Freiheit bewusst, belächelt der Mensch sich selbst, nimmt sich aber trotz seiner Begrenztheit weiter ernst."
Mit dem Wissen, dass BenGershôm den Holocaust überlebte, indem er sich mit einer Fantasieuniform als Hitlerjunge verkleidete (Stein, 2006), macht seine Art der Definition noch einmal besonders eindrucksvoll.

In der Arbeitsdefinition von Rolf Dieter Hirsch (2019, S. 27) fasst er den Humor begriff folgendermaßen zusammen: „Humor ist ein zwischenmenschliches Verhalten und Erleben mit motivationalen, emotionalen, kognitiven, sozialen und Verhaltenskomponenten, wodurch Widerwärtiges und Widersprüchliches, Paradoxes, Unergründliches und Unzulängliches im Zusammenleben erheiternd verstanden, spielerisch kreiert, kreativ und selbstbewusst angegangen und aufgelöst werden. Humor ist eine ernst-heitere, auf Komik, Wertschätzung und Respekt achtende sowie sozialpsychologische Kompetenz. Eine humorvolle Intervention kann dann gelingen, wenn der Akteur humorvoller Stimmung ist und diese auf den Adressaten überspringt."

Humor kann sein:

- Eine Haltung und Einstellung eines Menschen zu sich,
  seinem Leben und der Welt,
- ein Modus der Kommunikation und Interaktion
- ein Temperamentsmerkmal
- ein begriffliches Konstrukt menschlichen Denkens." (Hirsch, 2019, S. 27)

In der Psychologie wird Humor oft auch als eine Bewältigungstrategie (coping) bezeichnet. Humor ist also eine große Ressource, die uns zur Verfügung steht und auf die wir bei Bedarf zurückgreifen können. Um auch in krisenhaften Situationen darauf zurück greifen zu können, sollten wir also unseren Blick schärfen für die komischen Seiten des Lebens und bewusst Humor und Leichtigkeit in unseren Alltag einbauen.

Abschließend lässt sich feststellen, dass der Versuch einer Definition des Humorbegriffs eben nicht abschließend und vollumfänglich möglich ist. Um eine gemeinsame Arbeitsthese zu schaffen, stellen diese drei (rein subjektiv) ausgewählten Definitionen eine gute Grundlage dar. Meines Erachtens finden sich hier einige grundsätzliche Humorprinzipien, die im Praxisteil mit Hilfe von exemplarischen Übungen weiter verdeutlicht werden.

2.2. HUMOR UND ZAUBERKUNST

Der Witz setzt immer ein Publikum voraus. Darum kann man den Witz auch nicht bei sich behalten. Für sich allein ist man nicht witzig"

Johann Wolfgang von Goethe

Wikipedia definiert Zauberkunst wie folgt: „Die Zauberkunst (auch Zaubern und Zauberei) beschreibt eine Form der darstellenden Kunst, die es versteht, durch künstlerische Kommunikation (verbal und non-verbal) und unter Verwendung verschiedener Techniken und Methoden bei den Betrachtern Illusionen und Emotionen auszulösen und scheinbar Unmögliches, das den Naturgesetzen widerspricht, möglich zu machen."

Die Präsentation, etwas scheinbar Unmögliches möglich zu machen, kann auf verschiedene Arten geschehen. Dazu sollte sich der Vorführende seiner Rolle sowie der dargestellten Figur bewusst sein. Der bewusste Einsatz von Humor kann hier dazu beitragen, dass die Vorführung dem Publikum positiver und nachhaltiger im Gedächtnis bleibt. Dieses gilt unter der Voraussetzung, dass Humor positiv und achtsam eingesetzt wird.

Da viele Begriffe synonym mit dem Begriff Humor verwendet werden, sollen an dieser Stelle kurz die „Verwandten des Humors" (Hirsch, 2019, S. 28) dargestellt werden. Die Kurzdarstellung erfolgt in Anlehnung an Hirsch, 2019, S. 28 – 41.

Variante	**Merkmal**
Scherz	Cicero: „die Überwindung des Ernstes und der Schwere der Wirklichkeit durch geistige Freiheit" Spaß im Alltag wird gefördert, steigert die Lebensqualität „leichte Kost" Scherzartikel wie Pupskissen, Spritzblume *„Roberto Blanco:* *Ein bisschen Spaß muss sein. Dann ist die Welt voll Sonnenschein."*
Spiel	Freiwillige Handlung, ohne Zweck und Absicht Spielen eröffnet eigene Welten, bietet individuelle Entfaltungsmöglichkeiten "so-tun-als-ob" *„Du kannst, was du darstellen kannst. Larp-Regel"*
Ironie	Feiner, verdeckter Spott Aufdeckung von Missständen möglich, kann provozieren Meister der Ironie: Loriot (Jodeldiplom der Gattin, um etwas eigenes zu haben) Selbstironie: sich selbst gekonnt auf den Arm nehmen Kann verletzend sein, wenn mit Spott, Hohn und Sarkasmus vermischt wird *Eine Anekdote von Karl Valentin, er ist aus Ungeschicklichkeit hingefallen. Ein Passant kommt auf ihn zu und fragt: sind sie hingefallen. Nein, ich wohne da, antwortet Valentin"*

Satire	Übertreibung Soll weniger zum Lachen anregen als mehr zum Nachdenken *„Der politische Kabarettist Volker Pispers: Ich liebe den Begriff Patriot. Diese geniale Mischung aus Patria und Idiot“*
Sarkasmus	Beißender, einschneidender sowie derber Spott und Hohn meist mit dem Ziel das Gegenüber zu verletzen. (griechisches Substantiv: zerfleischen) *„Eine Frau sagt zu ihrem Mann: ich war gerade beim Friseur. Antwortet er: und warum bist du nicht drangekommen?“*
Zynismus	Negativ besetzt, Methode der Desillusionierung und Hohn Verneinende Grundhaltung, lächerlich machen von allen Werten *„Ein Fahrgast reißt die Tür zu einem Taxi auf und lässt sich in den hinteren Sitz fallen. Fahren sie endlich mit ihrer Dreckskarre los. Gerne, wenn sie mir sagen, wo ich den Dreck abladen soll.“*
Schwarzer Humor	Willkommen bei den Briten! Macht sich lustig über gesellschaftliche, eher tabuisierte und ernste Themen *„Der Witwer zum Pfarrer: ich möchte, dass meine Frau auf dem Bauch liegend begraben wird. Warum das denn, mein Sohn? Sollte sie nur scheintot sein, gräbt sie nach unten…“*

Der Einsatz der verschiedenen Varianten sollte in der künstlerischen Kommunikation mit Achtsamkeit und Fingerspitzengefühl erfolgen. Je nach Zielgruppe, Setting und Kontext können auch ironische oder sarkastische Bemerkungen gut funktionieren. Wichtig ist es, darauf zu achten, dass hierbei niemand verletzt, bloßgestellt oder diskriminiert wird.

Eine kleine Anmerkung noch zum Thema Ironie: Loriot wird häufig als Meister der Ironie bezeichnet. Er ironisiert das deutsche Alltagsleben, beispielsweise in dem er auf ironische Art und Weise das Streitgespräch eines Ehepaars über die richtige Kochdauer eines Frühstückeis darstellt. Eine besonders hohe Kunst ist in diesem Zusammenhang auch die Selbstironie.

„Die schwierigste Turnübung ist immer noch, sich selbst auf den Arm zu nehmen" (Werner Finck)

Es gibt kaum etwas Schlimmeres, als Zauberkünstler, die sich selbst zu ernst nehmen. Eine gesunde Prise Selbstironie kann das Salz in der „Vorführsuppe" sein.

Nach diesen theoretischen Ausführungen hast du vielleicht jetzt Lust auf kleine Runde Humorschach bekommen:

Die Regel ist einfach:

Du setzt deinen Finger an eine beliebige Stelle auf dem Schachbrett und von dort aus immer zur unmittelbar nächstgelegenen Figur der genannten Farbe.

Beispiel: Du beginnst rechts unten auf der Feder und du ziehst von dort aus weiter zum schwarzen Schirm.

Alles klar, soweit?!? Dann geht's los

Du beginnst an einer beliebigen Stelle auf den Schachfeld und setzt von da aus nach oben oder unten zur nächsten schwarzen Figur. Dann ziehst du weiter nach links oder rechts zur nächsten weißen Figur. Von da aus diagonal zur nächsten schwarzen Figur. Und der letzte Zug führt dich nach oben oder unten zur nächsten weißen Figur.

Die Auflösung findest Du auf Seite 62

3. HUMOR UND PUBLIKUM

„Ich habe mich, genau wie die Kritiker, nie sonderlich ernst genommen"
Elisabeth Taylor

Wie bereits Goethe festgestellt hat, braucht ein Witz ein Gegenüber. Witzig sein kann man nicht für sich allein, genauso wie wir uns selbst nicht kitzeln können, lebt die Zauberkunst von der Darstellung vor Publikum. Es handelt sich um eine Art der Kommunikation, die aus wechselseitigem Geben und Nehmen besteht.

Kommunikation gilt als Schlüssel zum Erfolg. Daher sollten wir auch bei unseren Vorführungen die Grundregeln beachten. Nach Watzlawick (vgl. Watzlawick 2014) sind diese

- Man kann nicht „nicht kommunizieren"
- Jede Kommunikation hat einen Inhalts- und Beziehungsaspekt
- Kommunikation ist immer Ursache und Wirkung

Auf die Gestaltung einer Zaubervorführung lassen sich die Grundregeln der Gesprächsgestaltung übertragen ebenfalls (vgl. Karen, 2023).

1. Verwende eine klare und präzise Sprache

Eine der wichtigsten Regeln der Kommunikation ist es, dass wir uns eindeutig und exakt ausdrücken.

2. Zuhören

Die Fähigkeit, zuzuhören, ist genauso wichtig wie die Fähigkeit, zu sprechen. Dies gilt auch und besonders, wenn wir auf der Bühne stehen. Ich habe schon Kollegen (in dem Fall sind es leider häufig männliche Zauberer) erlebt, die einem Freiwilligen aus dem Publikum Fragen stellen und bei der Antwort nicht zuhören. Ein weiteres Beispiel ist, wenn nach dem Namen gefragt wird, und dieser sofort wieder vergessen wird. Das kann durchaus der Aufregung geschuldet sein, sollte aber dann entsprechend thematisiert werden, damit sich der/die Freiwillige wertschätzend und respektvoll behandelt fühlt.

3. Fragen stellen

4. Vorsichtig urteilen – am besten gar nicht!

UVW (urteilen – vergleichen – werten) tut weh

5. Berücksichtige, dass dein Körper auch spricht

Die Körpersprache ist ein wesentlicher Bestandteil der Kommunikation und nimmt auch einen hohen Stellenwert in allen Regeln der Kommunikation ein. Siehe auch bei Watzlawick: man kann nicht nicht kommunizieren.

6. Sei respektvoll

Respekt ist die Würze der Kommunikation!

8. Humor einsetzen – Thema dieses Seminarheftes

9. Hab eine offene Haltung

Diese „Regeln“ sind als Leitfaden gedacht, der uns dabei helfen kann, unsere Botschaften auf den Punkt zu bringen. Sie sind weder in Stein gemeißelt noch die Bibel, und auch wenn man versucht alles zu berücksichtigen, kann es an der ein oder anderen Stelle trotzdem zu Missverständnissen in der Kommunikation kommen.

Daher könnten übergeordnet über allen Regeln die Regel aus dem sam-concept stehen:
„Schönes hat Vorrang damit niemand verloren geht“.

Wenn ich als (Zauber-)Künstler darauf achte, dass mein Publikum und ich es schön miteinander haben, geht niemand verloren und das Publikum behält meine Vorführung im besten Fall in guter Erinnerung.

3.1. ACHTSAMER HUMOR

„Ein guter Witz ist wie ein guter Zaubertrick: er muss überraschen, aber nicht verletzen." Unbekannter Verfasser

Humor ist ein wichtiger Bestandteil der Zauberkunst. Gute (Zauber-)künstler wissen, wie man das Publikum mit humorvollen Einlagen unterhält und für die Show begeistert. Doch was passiert, wenn Humor unachtsam eingesetzt wird? Kann er dann noch als unterhaltsam und angemessen wahrgenommen werden? In diesem Kapitel werden wir uns mit dem Thema "achtsamer Humor" befassen und beleuchten, warum dieser Aspekt in der Zauberkunst so wichtig ist.

Bevor wir uns mit dem Thema "achtsamer Humor" befassen, sollten wir uns zunächst mit dem Begriff "Achtsamkeit" auseinandersetzen. Die Herkunft des Begriffes Achtsamkeit ist tatsächlich interessant und komplex. Achtsamkeit ist ein Konzept, das ursprünglich aus der buddhistischen Philosophie stammt und sich auf die Fähigkeit bezieht, im Moment zu sein und die Dinge so zu sehen, wie sie wirklich sind. Der Begriff stammt ursprünglich aus dem Pali-Wort "sati", und bedeutet wörtlich Erinnerung oder Gedächtnis.

Im Buddhismus wird Achtsamkeit (sati) als eine der wichtigsten Eigenschaften eines meditierenden Menschen betrachtet. Es geht darum, die Aufmerksamkeit auf den gegenwärtigen Moment zu richten und die Dinge so zu sehen, wie sie sind, ohne sie zu bewerten oder zu urteilen. Dieser Prozess der Achtsamkeit soll dazu beitragen, die Illusionen und Vorurteile zu überwinden, die uns von der Wirklichkeit trennen. Der Begriff "Achtsamkeit" wurde im 20. Jahrhundert von dem deutschen Philosophen und Psychologen Jon Kabat-Zinn popularisiert, der die buddhistische Achtsamkeitspraxis in die westliche Psychologie und Medizin integrierte. Kabat-Zinn entwickelte das Konzept der "Mindfulness-Based Stress Reduction" (MBSR), das auf der Idee basiert, dass Achtsamkeit und Meditation dazu beitragen können, Stress und Angst zu reduzieren und die allgemeine Gesundheit und Wohlbefinden zu verbessern. Im Laufe der Zeit hat sich der Begriff "Achtsamkeit" jedoch auch von seiner ursprünglichen buddhistischen Bedeutung entfernt und ist zu einem allgemeineren Konzept geworden, das sich auf die Fähigkeit bezieht, im Moment zu sein und die Dinge so zu sehen, wie sie sind. Heute wird der Begriff "Achtsamkeit" in vielen verschiedenen Kontexten verwendet, von der Psychologie und Medizin bis hin zur Bildung und Wirtschaft. Es ist jedoch wichtig zu beachten, dass die ursprüngliche buddhistische Bedeutung von Achtsamkeit (sati) noch immer eine tiefe spirituelle und philosophische Dimension hat, die über die allgemeine Bedeutung des Begriffes hinausgeht. Im Buddhismus wird Achtsamkeit als ein wichtiger Teil des Pfades zur Erleuchtung betrachtet, der dazu beitragen soll, die Illusionen und Vorurteile zu überwinden und die wahre Natur der Realität zu erkennen. In deiner Seminararbeit könntest du also auch auf die ursprüngliche buddhistische Bedeutung von Achtsamkeit eingehen und zeigen, wie dieser Begriff in der westlichen Kultur adaptiert und modifiziert wurde.

Im Alltag wird der Begriff "Achtsamkeit" oft verwendet, um eine bewusste und respektvolle Art des Umgangs mit anderen Menschen und Dingen zu beschreiben. Wenn wir von "achtsamem Humor" sprechen, meinen wir einen Humor, der bewusst und respektvoll eingesetzt wird. Künstler, die achtsamen Humor verwenden, achten darauf, dass die eingesetzten Witze und Einlagen nicht jemanden verletzen oder diskriminieren und passen ihren Humor entsprechend an.

Unachtsamer Humor hingegen kann leicht zu Verletzungen oder Beleidigungen führen, da er nicht auf die Bedürfnisse und Gefühle anderer Rücksicht nimmt. Witze über bestimmte ethnische Gruppen oder Menschen mit Behinderungen sind respektlos und diskriminierend. Auch die Verwendung klischeehafter Darstellungen, die wohlwollend und humorvoll gemeint sein mögen, fallen in diese Kategorie. Ich denke da vor allem an die Kunststücke, denen man einen chinesischen Ursprung zuschreibt wie z.B. der chinesische Bommel-Zauberstab oder Kunststücke mit chinesischen Münzen.

Wir kennen alle Kollegen die sich für die Vorführung als Mandarin aus dem letzten Jahrhundert verkleiden und radebrechend diese Kunststücke vorführen.

Dies ist heutzutage weder angemessen noch zeitgemäß. In unserem Publikum können asiatisch gelesene Menschen sitzen, die mit sich mit dieser Art der Darstellung vermutlich überhaupt nicht identifizieren und sich eher rassistisch angegriffen fühlen. Einigen von euch mag dieser Vorwurf vielleicht zu weit gehen, ich denke jedoch, dass wir in unserer bunten und vielfältigen Gesellschaft besser einmal mehr darüber nachdenken sollten, was wir mit unseren Vorführungen bewirken und auslösen können. Versucht also bitte auf klischeehafte und stereotype Darstellungen zu verzichten, dies bringt euch viel mehr Anerkennung und Wertschätzung eures Publikums ein, als kurzfristige vermeintliche Gags und Lacher (auf Kosten anderer).

Künstler die in ihren Shows humorvolle Anspielungen auf alltägliche Situationen machen, die das Publikum leicht nachvollziehen können, sind Beispiele für achtsamen Humor.

Zur Erinnerung: „Humor ist die Fähigkeit, Gabe eines Menschen, der Unzulänglichkeit der Welt und der Menschen, den Schwierigkeiten und Missgeschicken des Alltags mit heiterer Gelassenheit zu begegnen, sie nicht so tragisch zu nehmen, und über sie und sich lachen zu können" (Duden, Fremdwörterbuch 1982)

Versuchen wir mit unseren Kunststücken den Alltag und die sich hieraus (häufig) ergebenden Missgeschicke „auf die Schippe" zu nehmen. Auch im Umgang mit uns sollten wir achtsam sein: wenn uns Missgeschicke passieren - ob geplant oder unbewusst - sollten wir auch hier respektvoll und unterhaltsam damit umgehen.

Im ersten Moment mag es lustig sein und beim Publikum ein Lachen erzeugen, wenn sich der Vorführende selbst niedermacht. Langfristig werden wir uns aber hiermit keinen Gefallen tun, denn auch hier erhalten die Zuschauer die Botschaft, dass sich auf Kosten eines anderen lustig gemacht wird. Auch wenn es diesmal den Vorführenden trifft, kann es beim nächsten Mal den Freiwilligen treffen. Unter Umständen habe ich dann also die Schwierigkeit, freiwillige Helfer für meine Kunststücken zu finden. Avner Eisenberg hat einmal gesagt: „Behandle Dich und Dein Publikum so, dass ein Gefühl entsteht, dass jeder unbedingt mitmachen will und hofft, dass er als nächstes auf die Bühne geholt wird"

Im nächsten Abschnitt wenden wir uns diesem Thema etwas ausführlicher zu.

3.2. DER ZUSCHAUER ALS PARTNER

„Nichts in der Welt wirkt so ansteckend, wie Lachen und gute Laune"
Charles Dickens

Das Verhältnis zwischen Künstler und Publikum ist von entscheidender Bedeutung. Ein wichtiger Aspekt dabei ist die Behandlung des Zuschauenden als Partner. Doch was bedeutet Partnerschaft in diesem Kontext?

Eine Partnerschaft kann definiert werden als eine Beziehung zwischen zwei oder mehreren Personen, die auf gegenseitigem Respekt, Vertrauen und Zusammenarbeit basiert. Im Rahmen der Zauberkunst bedeutet dies, dass die Künstler den Zuschauenden als gleichwertig betrachten, unabhängig davon, ob sie aktiv in die Vorführung eingebunden werden, oder „nur" zuschauen.

Das Prinzip der Freiwilligkeit ist hier oberstes Gebot. Der Zuschauende sollte sich frei entscheiden dürfen, ob er teilnehmen möchte oder nicht. Künstler, die

Zuschauende unter Druck setzen oder „zwingen" teilzunehmen, verletzen das Prinzip der Freiwilligkeit und gefährden damit die Partnerschaft. Überflüssig zu erwähnen, dass ein „Nein" zu akzeptieren ist. Achtsame Künstler haben ein Gespür für ihr Publikum entwickelt und können im besten Fall gut einschätzen, wen sie zu sich auf die Bühne holen können. Nichts ist für einen Zuschauenden schlimmer, als auf die Bühne genötigt zu werden. Auch gut gemeinter motivierender Applaus kann Zuschauende in Verlegenheit bringen.

Es gibt viele Gags, die einen Zuschauenden dazu motivieren sollen, auf die Bühne zu kommen. In bestimmten Settings (z.B. Straßentheater, Festival und ähnlichen Situationen) haben diese durchaus ihre Berechtigung und können hier gut funktionieren. Meist finden diese Events draußen statt und sind insgesamt von einer hohen Offenheit geprägt. Im schlimmsten Fall kann der Zuschauende sich hier durch „weggehen" entziehen. Aber auch, wenn es möglich ist, in diesem Rahmen als Künstler etwas derber aufzutreten, sollten wir auch hier den partnerschaftlichen Aspekt im Auge behalten.

Auch im Theater können diese Gags gut funktionieren. Damit sie funktionieren, ist es jedoch wichtig, dass vorher bereits ein guter Beziehungsaufbau stattgefunden hat und der Freiwillige sich darauf zu 100% verlassen kann, dass er auf der Bühne gut und respektvoll behandelt wird.

Braidon Morris sucht sich u.a. Freiwillige aus dem Publikum, mit Hilfe einer Art „Sehtest". Einfach, aber effektiv. Bevor er aber auf diese scheinbar simple Art einen Zuschauer auf die Bühne holt, hat er bereits ganz viel positive Beziehungsarbeit geleistet, so dass die meisten Menschen auch Lust haben ihm auf der Bühne zu assistieren.

Wir müssen uns immer unserer Verantwortung den Zuschauenden gegenüber bewusst sein. Das Publikum soll sich wohlfühlen, egal ob es ein abendfüllendes Soloprogramm sieht oder einen Variete-Abend mit verschiedenen Künstlern.

Einige Prinzipien aus dem Clownsspiel lassen sich auch auf die Zauberkunst übertragen: Hier wäre zum einen das „Au-ja-Prinzip" zu nennen. Dieses Prinzip beschreibt eine Haltung, die Clowns gegenüber ihrem Partnern einnehmen.

Alles, was mein Partner sagt oder tut, ist wahr, richtig und gut. In der Praxis bedeutet dies, dass man nicht versucht, den Partner oder das Publikum zu korrigieren oder zu widersprechen, sondern dass man stattdessen versucht, die Ideen und Vorschläge zu unterstützen und (weiter) zu entwickeln, um kreative und humorvolle Lösungen zu finden. Das Spiel nach dem „Au-ja-Prinzip" bietet Vorteile auf mehreren Ebenen:

Ein weiteres Prinzip aus der Clownsarbeit ist das Prinzip „Mein Partner ist ein Genie". Laura Fernandez hat diesen Begriff entscheidend geprägt und in ihren Workshops finden sich viele Übungen, mit denen sich dieses Prinzip spielerisch üben und trainieren lässt.

Dieses Prinzip lässt sich auch auf die Zauberkunst übertragen und in Kurzfassung dargestellt, besagt dieses Prinzip, dass man seinen Partner (in diesem Fall den Zuschauenden) als ein Genie betrachtet, das in der Lage ist, kreative und innovative Lösungen zu finden. Dies bedeutet, dass man den Zuschauenden nicht als jemanden sieht, der lediglich passive Informationen aufnimmt, sondern als jemanden, der aktiv an der Gestaltung der Show beteiligt ist.

Wenn man den Zuschauenden als Genie betrachtet und im besten Fall mit einer „au-ja-Haltung" kombiniert, werfen einen auch unerwartete Reaktionen des

Zuschauenden nicht aus der Bahn. Folgt man „Genie-Gedanken“ wird mein Gegenüber schon wissen, was es tut, und wenn die Reaktion nicht diejenige ist, die ich erwartet habe, ist es die Aufgabe des Vorführenden damit angemessen umzugehen und wieder in die richtige Richtung zu lenken (z.B., wenn der Zuschauende ein Kartenspiel „falsch“ mischt oder abhebt).

Die Gefahr unerwarteter Reaktionen kann durch eine klare Kommunikation etwas minimiert werden. Der Künstler sollte den Zuschauenden wissen lassen, was erwartet wird, und dabei unterstützen, seine Rolle zu spielen.

Hier kommt wiederum der Partnerschaftsaspekt ins Spiel: Partnerschaft basiert in der Regel auf gegenseitigem Respekt und Wertschätzung.

Häufig fühlen sich Künstler als Experten und die Zuschauenden sind die Laien, dies kann zu einem hierarchischen Gefälle führen, in dem die Zuschauenden herablassend behandelt werden. Auch hier spielen Haltung und das entsprechende Mindset eine entscheidende Rolle. Der Zuschauende sollte sich wie ein Teil des Geschehens fühlen und nicht wie ein "Untergebener" des Künstlers

Versucht man diese Prinzipien zu beachten und umzusetzen, kann der Abend für das Publikum zu einem unvergesslichen Erlebnis werden.

Zu den Prinzipien finden sich im Praxisteil „Humor als Werkzeug“ ein paar Übungen.

4. HUMOR ALS WERKZEUG

„Jeder Mensch ist ein Clown, aber nur wenige haben den Mut es zu zeigen"

Charlie Rivel

Die Überschrift dieses Kapitels lässt vermuten, dass es nun (endlich) praktisch wird. Wie jedes Werkzeug lässt sich auch Humor sowohl konstruktiv als auch destruktiv nutzen. Nachdem im vorherigen Abschnitt die Vorteile einer positiven Nutzung von Humor beschrieben wurden, werden nachfolgend „DIY-Übungen" vorgestellt, die dir helfen sollen, deine Vorführungen humorvoller zu gestalten

4.1. HUMORTEST

„Zynismus: Humor in schlechtem Gesundheitszustand“ (Herbert George Wells)

Im ersten Kapitel wurde der Unterschied zwischen sozialem und aggressivem Humor vorgestellt.

In ihrem Buch „Humor: Ein Manifest für verzögerte Schlagfertigkeit“ stellt Eva Ullmann einen Test vor, mit dem jeder prüfen kann, zu welcher Humorstil man tendiert.

Lies dir die folgenden Fragen durch und entscheide möglichst spontan, ohne allzu lange darüber nachzudenken, ob du die Frage mit ja oder nein beantwortest.

Nr.		Ja
1	Normalerweise fällt mir etwas Witziges ein, wenn ich mit Kollegen zusammen bin.	
2	Andere über mich lachen zu lassen, ist meine Art, meine Kollegen bei Laune zu halten.	
3	Wenn ich mich bei der Arbeit ärgere oder unglücklich fühle, versuche ich, etwas Lustiges an der Situation zu finden, um mich besser zu fühlen.	
4	Wenn jemand bei der Arbeit einen Fehler macht, ziehe ich sie oder ihn oft damit auf.	
5	Wenn ich bei der Arbeit jemanden unsympathisch finde, benutze ich oft Humor oder Hänseleien um ihn oder sie herabzusetzen.	
6	Wenn ich bei der Arbeit deprimiert bin, kann ich mich normalerweise mit Humor aufmuntern.	
7	Wenn ich mich bei der Arbeit unglücklich fühle, versuche ich, an etwas Lustiges zu denken, um mich aufzuheitern.	
8	Wenn ich etwas bei der Arbeit sehr lustig finde, werde ich darüber lachen oder witzeln, auch wenn sich jemand dadurch angegriffen fühlen könnte	

Zähle nun die „Ja“, bei den Fragen 1,3, 6, 7. zusammen. Jedes Ja zählt einen Punkt. Je nach Anzahl der erreichten Punkte ist diese Auswertung mehr oder eben weniger auf dich zutreffend.

Du neigst zu sozialem bzw. selbstaufwertendem Humor

„Das bedeutet, du sorgst für Unterhaltung, ohne dass dabei jemand zu Schaden kommt. Du hast einen generell humorvollen Blick auf das Leben und die Tendenz, sich über die Inkongruenzen (Widersprüche) des Lebens zu amüsieren. Du nimmst dich selbst nicht zu ernst. Ohne dass du dir dessen immer bewusst bist, kannst du mit Humor andere zum Lachen bringen und gleichzeitig Spannungen reduzieren.

Dieser Humorstil hängt zusammen mit Extraversion, Offenheit für Erfahrungen, psychologischem Wohlbefinden, Heiterkeit, Selbstbewusstsein, Intimität und Beziehungszufriedenheit. Dieser Stil hängt weniger zusammen mit Depression, Sorge, Ernsthaftigkeit und schlechter Laune. Sozialer Humor entspannt, erheitert, lockert auf, er wertet Beziehungen auf und schafft Nähe.

Du bist wertschätzend mit dir und kannst eigene missliche Situationen liebevoll karikieren. Diese aufwertende Form ist interessant für das tägliche Überleben. Selbstaufwertender Humor wird in diesem Zusammenhang als Coping, also als Bewältigungsstrategie beschrieben. Dieser Humorstil kann eine emotionale Regulierung von Alltagsstress möglich machen. Dafür muss man kein extrovertierter Mensch sein. Diese Regulierung kann nach innen oder in der Kommunikation nach außen stattfinden. In sich humorvoll zu wohnen, hat etwas mit Vertrauen und Vertrautem zu tun“ (Ullmann, 2019, S. 24).

Zähle nun die „Ja“ bei den Fragen 2, 4, 5, 8 zusammen. Jedes „Ja“ zählt einen Punkt.

Du neigst zu aggressivem bzw. zu selbstabwertendem Humor

„Das bedeutet, du bringst andere zum Lachen, indem du auf eigene Kosten oder auf Kosten anderer Menschen Humor anwendest. Du erlaubst anderen sich über dich lustig zu machen, nimmst aber auch jedermann gerne auf die Schippe. Willkommen bei den Briten. Du bist gern sarkastisch, spottest über andere, stichelst und verhöhnst auch mal gern. Im Volksmund nennt man diesen Stil auch „schwarzen Humor". Du wertest Menschen, Gruppen, Dinge und Situationen ab. Mit selbstabwertendem Humor erzeugst du Distanz zu dir selbst und zur Umgebung. Für die eigene Gesundheit scheint es manchmal überlebenswichtig, sich von Beziehungen und Ereignissen, vielleicht auch von Krankheiten oder Tod distanzieren zu können. Es kann wohltuend sein, sich von sich selbst zu distanzieren. Wann hat man schon mal Urlaub von sich und seinen Macken?

Es wird jedoch schwierig, wenn Menschen ausschließlich diesen Humorstil benutzen. Denn man beobachtet bei diesen beiden Humorstilen weniger Beziehungszufriedenheit, weniger psychologisches Wohlbefinden und Selbstbewusstsein. Forscher gehen davon aus, dass diese Humorstile eher verteidigend und schützend benutzt werden. Diese Stile beinhalten Elemente von emotionaler Armut, Vermeidung von Streit, niedrigem Selbstbewusstsein, Sorge, Grübeleien und Depression sind langfristig eine Gefahr.

Menschen mit diesen beiden Stilen werden im Ärger oder bei Stress auch unbedacht verletzend, zynisch und sarkastisch. Es fehlt in angespannten Situationen oft die Liebenswürdigkeit. Selbstabwertender Humor und aggressiver Humor schaffen Distanz, verletzen, machen mundtot und sind oft beschämend" (Ullmann, 2019, S.25)

Eine gleiche Punktzahl bei den Humorstilen zeigt eine ähnlich starke Ausprägung in beide Richtungen

Wahrscheinlich hat dieser kleine Test jetzt nur bestätigt, was du ohnehin schon vermutet hast, zu welcher Art von Humor Du tendierst.

Wenn du zur ersten Gruppe gehörst: Herzlichen Glückwunsch!
Nutze diese Ressource und gestalte deine Vorführungen weiter so positiv und wertschätzend dir und deinem Publikum gegenüber.
Wenn du zur zweiten Gruppe gehörst: Herzlichen Glückwunsch! Und das ist überhaupt nicht sarkastisch gemeint. Auch hier handelt es sich um eine Ressource, die du nutzen kannst. Es gibt allerdings eine große Einschränkung: achte unbedingt darauf, dass du mit dieser Art von Humor niemanden verletzt oder in Verlegenheit bringst. Falls du dir nicht zu 100% sicher bist, dass dir dies in jeder Situation immer und gleichermaßen gut gelingt, verzichte lieber auf diesen Humor. Denke daran: für den Moment hast du die Lacher vielleicht auf deiner Seite. Aber falls du im weiteren Verlauf deiner Vorführung erneut die Hilfe aus dem Publikum benötigst, könnte sich dies schwierig gestalten, da sich daran erinnert wird, wie mit Freiwilligen umgegangen wurde. Und niemand möchte der oder die Nächste sein, auf dessen Kosten sich auf der Bühne lustig gemacht wird.

Es gibt durch Settings, in denen es funktionieren kann, z.B. bei Mittelalter- oder Fantasy-Veranstaltungen. Das Publikum hier ist in der Regel auch eine andere Sprache (meist grober und derber) gewohnt, so dass es zu diesem Kontext passt. Aber auch hier achten die meisten Künstler darauf, dass Publikum nicht allzu sehr vor den Kopf zu stoßen und machen daher eher auf eigene Kosten Witze und sarkastische Bemerkungen. Der von mir sehr geschätzte Kollege Orlando von Godenshaven wählt beispielsweise ein Kind zur Mithilfe aus, das möglichst ziemlich hässlich sein soll.

Er tut dies beiläufig, ohne dieses Kind besonders anzusehen (achtet aber natürlich trotzdem darauf, dass er nicht gerade wirklich ein Kind „erwischt“, das nach landläufiger Meinung nicht dem herkömmlichen Ideal entspricht). Ist dieses Kind dann bei ihm auf der Bühne angekommen, erschrickt er und beschwert sich, dass er angelogen wird, denn das Kind ist ja gar nicht „hässlich“.

4.2. HUMORTECHNIKEN

„Witze kann man nur dann aus dem Ärmel schütteln, wenn man sie vorher hineingesteckt hat“ Rudi Carell

Auf den ersten Blick mag die Überschrift für dieses Kapitel verwirrend sein. Techniken beim Zaubern sind uns bekannt. Dazu gehören z.B. die verschiedenen Griffe beim Zaubern mit Karten wie der Elmsley Count oder auch das Riffelmischen, deren Technik wir als Künstler beherrschen sollten. Auch beim Manipulieren von Münzen, Billardbällen und sonstigen Gegenständen wenden wir bestimmte Techniken an, um die Illusion des Erscheinens oder Verschwindens für das Publikum zu gestalten.

Aber Humor und Technik? Passt das zusammen? Der Begriff der Humortechniken würde implizieren, dass Humor lernbar ist. Und in der Tat: Humor kann man lernen bzw. trainieren. Auch wenn wir oft das Gefühl haben, dass Humor eine angeborene Gabe ist, handelt es sich doch um eine Eigenschaft, den wir wie einen Muskel trainieren können. Unser Humormuskel kann uns dabei helfen „den Schwierigkeiten und Missgeschicken des Alltags mit heiterer Gelassenheit zu begegnen...“ (Duden, Fremdwörterbuch 1982).

Um diesen Muskel zu trainieren, können wir uns Techniken und Methoden bei verwandten Genres anschauen und für unser Training nutzen. Viele Übungen machen sicherlich mehr Spaß, wenn sie in der Gruppe angewendet werden, wie z.B. beim Improvisationstheater oder auch beim Clownsspiel. In deiner Umgebung findet sich sicher die Möglichkeit mal an einem Workshop im Improvisationstheater oder auch an einem Clownsworkshop teilzunehmen.

Letztlich geht es jedoch auch immer beim Humor um eine Frage der Haltung, diese kann und muss jedoch sowieso jeder einzelne von uns entwickeln.

Die nun folgenden Übungen und Methoden sollen daher Impulse geben, sich mit seinen eigenen Humorfähigkeiten zu beschäftigen und weiter auszubauen.

Im Kapitel 3.2. in der die Zusammenarbeit mit dem Zuschauer thematisiert wird, wurde bereits darauf eingegangen, welche (im besten Falle positiven) Auswirkungen Hierarchie, Status und eine Auja-Einstellung auf die Vorführung haben können.

Diese Aspekte können klar dem Bereich Haltung zugeordnet werden:
„Unter Haltung wird die persönliche Einstellung (Werte, Überzeugungen) verstanden, die in Sozialisations- und Reflexionsprozessen erworben wird und neben Wissen und Können Einfluss auf die Orientierung des Handelns nimmt sowie sich auch leiblich ausdrücken kann." (Domes, 2020).
Nun folgt - wie versprochen – der praktische Teil. Zieht euch bequeme Trainings kleidung an und los geht´s.

Wie bereits erwähnt, spielt das entsprechende Mindset eine große Rolle: Bezogen auf die Aspekte Hierarchie und Status kannst du folgendes ausprobieren:

Kleidung, Körperhaltung, Gang, Stimme, Aussprache, Beruf, Ticks und Macken – gerne überzeichnet und in karikierender Darstellung. Spiel mit Klischees, ohne diskriminierend zu sein oder zu wirken – Gratwanderung und Herausforderung

Verzichte bitte auf Dialekt oder „Sprachfehler", es sei denn, du hast wirklich einen. Dann thematisiere das gerne und spiele damit, ohne in aggressiven und selbstabwertenden Humor zu rutschen. Spiele auch mit Selbstironie, wenn du magst.

Hier gilt das Motto: Mach deine Schwäche zu deiner Stärke und bringe damit das Publikum zum Schmunzeln.

Ein Beispiel:

Du weißt, dass dir oft Dinge aus der Hand fallen, oder dass du über deine eigenen Füße stolperst. Jetzt gibt es verschiedene Möglichkeiten des Umgangs damit:

a) Du ignorierst, dass es geschehen ist, und ziehst dein Programm weiter wie geplant durch, in der Hoffnung, das Publikum hat nichts bemerkt oder denkt, dieses „Missgeschick" gehört sicher zum Ablauf dazu.
b) Du bist auf solche Situationen vorbereitet und hast einen Spruch, eine Gestik oder Mimik in petto, die du dann aus dem Ärmel schütteln kannst (denk daran: wenn du etwas aus dem Ärmel schütteln willst, musst du es vorher hineintun).
c) Du kennst deine „Tollpatschigkeit", nutzt diese bewusst und baust sie von vornherein in deine Vorführung ein. Vielleicht passt es bei einem Kunststück, dass dir etwas runterfällt, oder etwas klemmt und du dies somit als Spielangebot nutzen kannst. Oder du weißt, dass du – gerade, wenn du aufgeregt bist – dazu neigst zu stolpern. Du kannst dies nutzen, indem du beim Aufgang bereits stolperst und z. B. entsprechend kommentierst: Wenn Sie das schon beeindruckt, warten Sie mal meinen Abgang ab…. Wenn du im Laufe der Vorführung dann „wirklich" stolperst, denkt das Publikum es gehört dazu, du kannst es als Running Gag aufgreifen oder entsprechend kommentieren (verbal oder nonverbal).

Du kannst also deine kleinen Macken oder Ticks nutzen, um deine Vorführung „lebendiger" zu gestalten. Wenn du ein bisschen darüber nachdenkst, fallen dir bestimmt Möglichkeiten ein. Unperfekt zu sein, macht uns in der Regel sympathisch.

„Wer keine Fehler macht, macht wahrscheinlich auch sonst nichts" (AI overview).

Um in den kreativen „Flow“ zu kommen, kann es dir helfen, in Bewegung zu kommen. Geh spazieren und lass deine Gedanken fließen. Die Ideen, die dir kommen, kannst du entweder in einem kleinen Notizbuch festhalten oder du hältst sie per Sprachnachricht auf deinem Handy fest.

Wichtig ist es auch, ausreichend zu schlafen, um kreative Prozesse in Gang zu bringen. Wenn deine Gedanken um ein bestimmtes Thema kreisen und du merkst, dass du an der ein oder anderen Stelle nicht weiterkommst, leg dich schlafen. Entweder in Form eines kurzen Powernapping oder auch während deines Nachtschlafs. „Schlaf konsolidiert nicht nur neu erworbene Informationen, sondern reorganisiert auch bestehende Wissensstrukturen und fungiert damit als Inkubationsphase kreativer Ideen und origineller Problemlösungen“ (Marisch, 2016).

Wer sich tiefer mit dem Thema Kreativität und Kreativitätsförderung beschäftigen möchte, kann hierzu einiges an guter Literatur finden.

Der Aspekt Bewegung wurde gerade bereits benannt. Dein Körper ist ein Werkzeug, dass dir jederzeit zur Verfügung steht, also nutze es. Mit der entsprechenden

Haltung kannst du wunderbar deinen Status zeigen. „Achtung, Körpersprache. Man hat sie immer dabei, aber wenige sprechen sie bewusst“ (Ullmann, 2019).

Jemand im Hochstatus hat meist eine aufrechte und gerade Körperhaltung mit geraden Schultern und stillgehaltenem Kopf. Hochstatusfiguren vermeiden unnötige Bewegungen (wie etwa zappeln). Sie lächeln wenig oder nur ganz leicht, sie halten Augenkontakt zum Gegenüber und verwenden in der Regel vollständige, lange Sätze. Meist sind die Füße im Stehen leicht nach außen gedreht.

Personen im Tiefstatus dagegen drehen die Füße eher leicht nach innen, die Schultern sind eingezogen, insgesamt ist die Körperhaltung eher gebeugt. Augenkontakt wird vermieden und es wird häufig gelächelt. Figuren im Tiefstatus sind viel in Bewegung (zappeln oder nesteln an der Kleidung). Die Sätze sind häufig unvollständig oder werden im Reden abgebrochen.

Ein wunderbares Beispiel für Hoch- und Tief-Statusfiguren sind beispielsweise die Filmklassiker Stan und Olli. Diese beiden großartigen Künstler und Clowns haben es annähernd zur Perfektion gebracht Hoch- und Tiefstatus darzustellen. Die körpersprachlichen Prinzipien lassen sich hier sehr gut erkennen. Ergänzend wäre hier noch zu erwähnen, dass eigentlich beide im Tiefstatus sind, Stan sich dessen aber bewusst ist, Olli dagegen nicht. Aus dieser Diskrepanz entstehen wunderbare Missgeschicke und komische Situationen.

Ein weiteres gutes Beispiel sind die Filme von Monthy Python. Jeder von euch kennt sicherlich die Szene aus dem Film Monthy Pythons Flying Circus „Ministry of silly walks“. Sofern es euch körperlich möglich ist, nutzt auch dies um euren Status, eure Macken oder Ticks darzustellen.

Wenn du darüber nachdenkst, fallen dir sicherlich noch weitere filmische Beispiele ein, die du als Anregung und zur Inspiration nutzen kannst.

Auch kleine Bewegungen können ausreichen, um dem Publikum seinen Status zu verdeutlichen. Je nachdem wie ich beispielsweise einen imaginären Fussel von meiner Kleidung entferne, kann ich zeigen, ob ich mich im Hoch- oder Tiefstatus bewege. Probiert verschiedene Bewegungen und Körperhaltungen aus und spielt damit. Auch wenn Du vieles allein umsetzen kannst, macht es in der Gruppe doch mehr Spaß. An dieser Stelle sei noch einmal darauf hingewiesen, an Workshops oder Trainings im Bereich Improvisitations- oder Clownstheater teilzunehmen.

Ein zentrales Element beider Theaterformen ist neben der Körperarbeit das bereits erwähnte „Au-ja – Prinzip“.
Hiermit wird eine Haltung beschrieben, mit der alles - aber auch wirklich alles - angenommen wird, um damit zu spielen und/oder es weiterzuentwickeln.
Beispiele:
Der ausgewählte Zuschauer will nicht zu mir auf die Bühne kommen…
Der Zuschauer auf der Bühne reagiert nicht so, wie er sollte oder versteht nicht, was ich von ihm will…

Das lange geprobte Kunststück funktioniert vor Publikum nicht oder geht schief... Wahrscheinlich hast Du im Laufe der Jahre einen (humorvollen) Umgang mit diesen Situationen gefunden. Es ist immer gut, sich bereits im Vorfeld Gedanken darüber zu machen, was mache ich, wenn dieses oder jenes passiert oder etwas nicht funktioniert wie geplant. Trotz allem kann es auch hier hilfreich sein, sein Mindset dahingehend zu programmieren, dass alles, was mir auf der Bühne passiert, mit einem innerlichen „Au-ja“ zu kommentieren.

Ganz nach dem Motto: *Hurra, ich habe ein Problem!*

Beispiele:

Der ausgewählte Zuschauer will nicht zu mir auf die Bühne kommen. Auja, ich kann noch jemand anders kennen lernen, ich kann vielleicht im Publikum weiter zaubern oder ich biete einen Tee (wahlweise Schnaps) an- um es angenehmer für ihn zu machen, oder, oder, oder....

Der Zuschauer auf der Bühne reagiert nicht so, wie er sollte oder versteht nicht was ich von ihm will... Auja, ich rede langsamer, deutlicher, ich visualisiere, indem ich vormache oder eine Anleitung hervorhole, oder, oder, oder...

Das lange geprobte Kunststück funktioniert vor Publikum nicht oder geht schief... Auja, ich habe eine Exit-Strategie und kann entspannt weiter machen, ich wiederhole noch mal in leicht abgewandelter Form, oder, oder, oder....

Wenn Du dir nun Situationen aus eurem eigenen Zauberalltag überlegt, wirst du vielleicht merken, dass alleine durch das Annehmen mit „Auja“ oder „Ja, das auch“ eine entspannte Haltung entsteht, die euch dabei hilft, zu Lösungen zu kommen. Mit einem „Nein“ blockierst du dich, es wird schwierig Ideen für einen kreativen Umgang mit der Situation zu entwickeln.

Gleiches gilt für das Zusammenspiel mit einem Partner. Wenn ihr ein Spielangebot erhaltet, dass ihr doof findet und mit einem „Nein“ ablehnt, ist in dem Moment das Spiel blockiert und es braucht wesentlich mehr Energie, um es aufrecht zu halten und weiterzukommen.

Ein bisschen ist es, wie mit 50 km/h gegen eine Wand zu fahren: das Spiel läuft und läuft und plötzlich kommt ein harter Stopp.

Die gute Nachricht: Auch diese Haltung kann trainiert werden. Zum einen findest du im Alltag viele Möglichkeiten, nervigen oder herausfordernden Situationen mit einem Auja zu begegnen:

Jede Ampel auf deinem Arbeitsweg zeigt rot - Auja, Zeit zum Atmen und evtl. noch einmal die Möglichkeit Abläufe in Gedanken durchzugehen oder ein Telefonat (natürlich per Freisprecheinrichtung) zu starten

Die Schlange an der Supermarktkasse ist endlos lang und es wird keine weitere Kasse geöffnet - Auja, endlich die Gelegenheit, die kleinen gymnastischen Übungen, die ich schon immer mal ausprobieren wollte, anzuwenden

Die Katze hat -kurz bevor du das Haus verlassen willst- auf den Teppich gek... - Auja! Okay, hier bin ich auch raus mit positivem Denken, aber vielleicht fällt dir dazu was ein. Dann schicke mir gerne eine Nachricht 😉

Versuche zu üben, den alltäglichen Missgeschicken und Widrigkeiten (wir erinnern uns an die Definition von Humor) mit einer heiteren Gelassenheit zu begegnen – eben mit dem Auja-Prinzip. Noch mehr Spaß macht das Üben in einer Gruppe oder mit einem Partner. Als Beispiel hier ein paar Übungen aus dem Improvisations- und Clownstheater:

Assoziationen

- Assoziationsketten mit Wörtern bilden: A sagt ein Wort, B benennt die Assoziation zu diesem Wort, A assoziiert auf das genannte Wort, usw. Bsp: Zug-Schiene-Berge-Urlaub-.... Auja, Prinzip: auch wenn ich den Begriff Zug vielleicht doof finde, lasse ich mich mit Auja darauf ein, spiele mit und finde einen passenden Begriff. Wichtig hierbei: verwende ausschließlich Nomen, die Verwendung von Adjektiven führt häufig ins Leere. Bsp. Zug-laut-nervig-???
- Assoziationskette mit Geschichten: A beginnt mit einem Satz, B schließt weiteren Satz an usw. Am Ende soll eine Geschichte entstehen, die nach einer festgelegten Anzahl von Runden ein klares Ende haben sollte. Wichtig hierbei ist, ähnlich wie bei der ersten Variante, sich auf das Gesagte einzulassen und die eigene Geschichte außen vor zu lassen.
- Beide Spiele sorgen in größeren Runden, für viel Spaß und es kommen witzige Geschichten und Wortketten zustande.
- Assoziationen mit Gegenständen: A holt einen imaginären Gegenstand aus der Hosentasche und überreicht ihn B, B nimmt diesen Gegenstand, freut sich darüber und spielt, was man damit machen kann (in Abhängigkeit, was erkannt worden ist). Und auch wenn der Gegenstand erkannt wurde, darf B eine kreative Lösung für den Einsatz des Geschenks finden. Bsp. A überreicht B einen Ring in einer Schachtel, B erkennt Schachtel, aber den Ring nicht und macht daraus vielleicht ein Butterbrot, das gegessen wird. In größeren Runden kann dann dieser Gegenstand weiter verschenkt werden, im Duo überlegt sich jetzt B einen Gegenstand für A.

- Führen und Folgen: A gibt Bewegungen oder Aufgaben vor, die B ausführen soll. Dann Wechsel der Rollen
- Spiegeln: A ist das Spiegelbild von B, Wechsel der Rollen.

Weitere Spiele und Übungen finden sich u.a. in den Büchern von Keith Johnstone (Theaterspiele, Improvisation und Theater).

Führen und Folgen allein zu üben, funktioniert weniger gut. Die Übung mit den Assoziationsketten kannst du auch allein durchführen, auch wenn es so vielleicht weniger Spaß macht. Es kann dir trotzdem dabei helfen, spontan zu reagieren. Und wer weiß, vielleicht kreierst du mit dieser Übung, eine Idee für einen Bestseller.

J.K. Rowling ist während einer Bahnfahrt auf die geniale Idee mit Harry Potter gekommen...

„Dada war nicht eine Kunstbewegung im herkömmlichen Sinn, es war ein Gewitter, das über die Kunst jener Zeit hereinbrach wie der Krieg über die Völker." (Hans Richter)

In den letzten Kriegsjahren des ersten Weltkrieges schlossen sich kreative Kunstschaffende zusammen, und machten mit dieser Kunstströmung das Absurde zu ihrem Betätigungsfeld. Angeblich ist der Name entstanden, indem die Künstler Richard Hülsenbeck und Hugo Ball in einem deutsch/französischen Wörterbuch mit einem Zahnstocher auf ein Wort tippten, um für eine befreundete Künstlerin einen Künstlernamen zu finden. Zufällig wurde das Wort Dada gewählt, welches sich kindersprachlich übersetzen lässt als Holzpferdchen. Wie wir inzwischen wissen, wurde der Begriff nicht als Künstlername verwendet, sondern wurde Namensgeber für eine Stilrichtung, die Hülsenbeck selbst als „Idee der kreativen Irrationalität" bezeichnete. In den 1960er Jahren entwickelte sich eine Variante von Dada, die Bewegung Fluxus. Diese wollte ausdrücklich den Humor in die Kunst einfließen lassen (vgl. Titze, 2004, S. 107).

Unter anderem entstanden aus dieser Bewegung Scherzartikel wie z.B. der Bottle-Bottle-Opener (ein Flaschenöffner in Form einer Flasche).

Mit diesem kleinen historischen Ausflug in den Dadaismus, sind wir wieder beim Thema „magic meets laughing" angelangt. Vielleicht gibt es Requisiten die du für deine Vorführung nicht zwingend brauchst, aber mit denen du dein Publikum zum Schmunzeln bringst.

Andreas Reichert wird z.B. bei einer seiner Vorhersagen von „Olaf“ unterstützt. Olaf ist ein kleiner Mini-Pömpel, die manchmal Verwendung finden als Smartphone-Halter (s. Bild). Auch dies ist ein weiteres Prinzip aus der Clownsarbeit. Der zweckentfremdete Einsatz von Gegenständen oder Objekten.

Guck dir Kinder an, wie sie mit Alltagsgegenständen spielen und diese zweckentfremden, vielleicht hast du eine Routine in deinem Programm, bei der es passen würde, einen Gegenstand hinzuzufügen, der in diesem Fall ganz klar die Rolle des Humor-Botschafters übernimmt. Du kennst sicher das Handrührgerät mit Kurbel als Gedankenlesegerät. Ich habe viele Kollegen gesehen, die dieses Gerät verwenden und obwohl es schon ein alter Gag ist, lacht das Publikum (meistens jedenfalls) und ist amüsiert. Alles was (scheinbar) nicht zusammenpasst, sorgt für Irritation beim Gegenüber und sorgt somit für Erheiterung. Allerdings ist ein schmaler Grat zwischen humorvoller Zweckentfremdung von Gegenständen und Objekten und dem was mein Gegenüber als albern empfindet.

Wie bei vielem ist es auch hier wichtig, darauf zu achten in welchem Kontext ich mich bewege, wer mein Publikum ist, welche Art von Humor ich verwenden kann.

Bei einem Mittelaltermarkt kann und muss eine andere Art von Humor angewendet werden als z.B. bei einem Auftritt im GOP Varieté-Theater. Dies schließt die Sprache, die Kleidung und auch die Art der Requisiten, die verwendet werden, ein.

Apropos Kleidung: Johny Kiphard (Zirkusclown und Begründer der Psychomotorik), schlägt vor, sich zu verkleiden und sein Äußeres zu verändern. Auch hier gilt der Grundsatz:

Weniger ist mehr!

Es muss zu deiner Figur und Rolle passen und manchmal reicht es vielleicht sogar schon aus, den Scheitel mal links, statt rechts zu tragen oder eine Brille, anstatt der Kontaktlinsen zu verwenden.

Der Satz „ein Zauberkünstler, ist ein Schauspieler, der die Rolle eines Zauberers spielt“ wird Jean-Eugène Robert-Houdin zugeschrieben. Diesen Leitsatz sollten Zauberkünstler stets im Hinterkopf behalten: es geht darum, eine (deine) Rolle zu finden. Im Spiel - und insbesondere auch im Schauspiel - kannst du sein, wer du willst. Du hast die Möglichkeit verschiedene Rollen und Figuren auszuprobieren und kannst damit deiner Vorführung mehr Tiefe und Charakter verleihen. Im besten Falle hast du und hat dein Publikum dann (noch mehr) Freude daran.

Nach dem die bis hierher vorgestellten Übungen sich vordergründig auf den Bereich der Körperarbeit bezogen haben, möchte ich dir nun ein paar Prinzipien vorstellen, die im Bereich des mentalen Trainings anzusiedeln sind.

Auch die nun vorgestellten Prinzipien werden beim Clowns- und Improvisations theater als Techniken angewandt, um das Spiel zu bereichern.

An dieser Stelle sind die Bücher von Michael Titze und Eva Ullmann zu empfehlen. Dort werden diese Techniken ausführlicher beschrieben, als es im Rahmen dieses Booklets möglich ist.

Offensichtliches Übertreiben

Eva Ullmann bezeichnet die „Übertreibung als Lautstärkeregler des Humors" (vgl. Ullmann, 2019, S. 47). Je nachdem wie groß die Übertreibung dargestellt wird, ist es entweder zu nah an der Realität und wird somit von meinem Gegenüber nicht wahrgenommen oder ich übertreibe zu viel und mein Gegenüber fühlt sich veräppelt.

Unser Alltag ist voll mit Widersprüchlichkeiten oder skurilen Begebenheiten. Diese gilt es wahrzunehmen und anzupassen. Ohne Übertreibung würden z.B. Comedians wie Mario Barth nicht funktionieren. Würde er seinen Beziehungsalltag realistisch vortragen, würde sich zwar viele darin wiedererkennen, aber es würde keinen wirklich interessieren. In der überspitzten Darstellung und im Spiel mit klassischen Rollenverteilungen und Etikettierungen erkennen sich viele aus dem Publikum wieder und müssen darüber lachen (auch wenn einem vielleicht manchmal das Lachen im Halse stecken bleibt, weil an der ein oder anderen Stelle, dann doch Grenzen überschritten werden).

Übertreibungen spielen mit Klischees und Zuschreibungen, in gewissen Maß ist der Einsatz dieses Stilmittels auch in Ordnung. Bei aller künstlerischen Freiheit ist es dennoch unsere Aufgabe, gerade bei der Verwendung von Klischees und Zuschreibungen darauf zu achten, nicht zu verletzen oder zu diskriminieren. Wir bewegen uns hier in der Gefahrenzone zu abwertendem und aggressivem Humor

Eine Übung aus dem Humortraining von Paul McGhee (1994, S. 61)) lautet folgendermaßen:

1. Einen Gegenstand wählen (Auto)
2. Liste von verwandten Substantiven aufstellen (Scheinwerfer, Lenkrad, Motor...)
3. Adjektiv wählen, um dieses Hauptwort zu beschreiben (alt, zu klein, langsam...)
4. Liste von Begriffen aufstellen, die mit einem Wort aus 3 verwandt sind (z.B. für alt: Altersflecken, Hieroglyphen, Arthritis, Falten...)
5. Bringe nun die Aspekte aus 2 und 4 in einen Zusammenhang, um die Einzelheiten deines Autos zu beschreiben.

„Mein Auto ist so alt, dass die Scheinwerfer Altersflecken haben, die Räder leiden unter Arthritis und das Kennzeichen ist mit Hieroglyphen beschriftet."

Unsinniges Zustimmen

Das unsinnige Zustimmen ist eine Bewältigungsstrategie für einen humorvollen Umgang mit angespannten und schwierigen Gesprächen oder Situationen. Meistens versuchen wir vor anderen gut dazustehen und neigen eher dazu, uns bei Vorwürfen zu rechtfertigen und erklären zu wollen. Beim unsinnigen Zustimmen geht es nun darum, den Vorwurf anzunehmen (au-ja) und zu übertreiben. Diese Taktik wird häufig auch als „Judo-Technik" bezeichnet. Denn wie beim Judo geht es darum, den Schwung und die Energie des Gegners aufzunehmen und umzuwandeln (Siegen durch Nachgeben)

„Immer müssen sie das letzte Wort haben. Ja, genau, ich nehme an einem Wettbewerb teil, bin aber erst auf Platz 10"

Mathias Nöllke (2002, S.66) empfiehlt zum Üben die selbstironische SIHR-Technik (SIHR steht für: Sie haben Recht). Auch hier stimmt man dem Vorwurf seines Gegenübers zu und erweitert den Vorwurf um eine weitere Schwäche.

„Sie haben aber eine zerknitterte Krawatte. Sie haben völlig Recht – und außerdem trage ich zerrissene Strümpfe und ungewaschene Unterhemden"

Diese Methode können wir u.a. gut anwenden, wenn wir aus dem Publikum witzig gemeinte, kritische Kommentare zugeworfen bekommen. Wir können diese ignorieren oder entsprechend humorvoll darauf reagieren. Auch wenn uns in dem Moment vielleicht keine humorvolle Erwiderung einfällt, können wir zustimmen und nehmen damit dem Kritiker den „Wind aus den Segeln". Mit Zustimmung rechnen die Wenigsten in dem Moment und in der Regel hat der Vorführende die anderen Zuschauer durch die respektvolle und humorvolle Erwiderung auf seiner Seite, so dass der Störer (sehr wahrscheinlich) weitere Unterbrechungen unterlassen wird.

Umdeuten

Die Technik des positiven, heldenhaften und empathischen Umdeutens schließt ein bisschen an die vorherige Judo-Technik an.

Häufig passieren uns im Alltag Fehler und Missgeschicke, und da wir alle jederzeit gut dastehen wollen, versuchen wir auch hier oft, diese zu ignorieren oder zu vertuschen.

Beim positiven Umdeuten geht es nun darum, diese Missgeschicke als Geschenk zu verstehen und liebevoll zu interpretieren. Anders als bei selbstabwertendemaggressivem Humor versuchen wir unseren „Fehler“ als Kraftquelle zu nutzen in dem wir selbstaufwertenden-sozialen Humor verwenden.

Eine einfache Übung hierzu ist, sich eine Liste mit seinen (negativen) Glaubens sätzen und/oder immer wiederkehrenden Missgeschicken zu erstellen und diese positiv umzudeuten. Gleiches gilt für Zuschreibungen und Vorwürfe:

„Immer weißt du alles besser. Richtig, man nennt mich auch Frau Google“

Wenn der Beamer bei einem Vortrag ausfällt: „Wir wollen heute mal Strom sparen!“

Inkongruenzen

Die mangelnde Übereinstimmung ist eine weitere Methode, mit Humor Aufmerksamkeit zu erzeugen. Indem du merk-würdige Bilder kreierst, Gegensätze herstellst oder ungewöhnliche Vergleiche ziehst, betonst du den humorvollen Aspekt deiner Vorführung.

Du kannst also bereits erwähnten Schneebesen-Handmixer zur Gedanken Übertragung nutzen, um ein merk-würdiges Bild zu gestalten.

Als Übungsfläche kann auch hier – wie so oft – unser Alltag dienen. Die Bücher von Bastian Sick sind voll von Bildern merk-würdiger Gegebenheiten.

Indem du mit einer imaginären Humorbrille durch deinen Alltag gehst, fallen dir sicher auch Beispiele auf und ein, die du für deine Vorführung nutzen kannst.

Du kannst deine Requisiten und Kunststücke dahingehend „überprüfen“, welche andere Funktion sie noch haben könnte.

Versuch auch hier, dich und deine Kunst nicht allzu ernst zu nehmen und probiere einfach verschiedene Möglichkeiten aus. Vielleicht kann das Prinzip der Flaschenwanderung auf andere Gegenstände, weniger übliche Objekte übertragen werden, oder das klassische Ringspiel wird mit Handschellen ausgeführt. Auch wenn es deine Idee dann nicht auf die Bühne schaffen, kann dich der spielerische Umgang bei der Ideenfindung dabei unterstützen, merk-würdige Bilder in deiner Vorführung zu erzeugen.

Das Münchhausen-Prinzip

Nach Titze (2004, S. 86) gehört zur Lüge immer „das Bewusstsein, etwas Unrechtes, Unmoralisches zu tun." Eine kreative Interpretation der Wahrheit kann auch als „hohe Kunst der Diplomatie" bezeichnet werden. Jeder von uns kennt doch die Situation im Alltag das ein oder andere Mal eine Notlüge zu verwenden, wenn wir beispielsweise beim Umzug eines Freundes helfen sollen und leider, leider genau an dem Tag ein wichtiges Meeting haben, bei dem unsere Anwesenheit zwingend erforderlich ist.

Titze (2004) schlägt also vor, „Gleichgesinnte zu einer Münchhauseniade" einzuladen.

Jeder erzählt drei Geschichten über sich, zwei entsprechen der Wahrheit, eine ist erfunden. Um es den Zuhörern etwas schwerer zu machen, sollte die erfundene Geschichte möglichst nah an der Realität sein.

Dieses Prinzip kannst du auch in deine Vorführungen einbauen. Vielleicht schmückst du aus, wie du zum Zaubern gekommen bist, oder bei der Einführung eines Kunststücks erzählst du von dem langen, beschwerlichen Weg, auf dem dieses Kunststück zu dir gekommen ist oder auf welchen Wegen du es zum ersten Mal kennen gelernt hast.

Bleistift oder Essstäbchen - Methode

Die letzte Methode, die ich dir an dieser Stelle vorstellen möchte, ist die Bleistift Methode, die du ganz allein für dich im stillen Kämmerlein anwendest, um überhaupt auf kreative Ideen zu kommen. Die Umsetzung ist denkbar einfach: schnapp dir einen Bleistift (oder ein Essstäbchen) und nimm ihn in den Mund, indem du leicht mit den Zähnen darauf beißt.

Du merkst (hoffentlich), dass sich nun deine Mundwinkel automatisch nach oben bewegen. Was sich komisch anhört, hat eine seriöse Begründung: indem sich deine Mundwinkel nach oben bewegen, wird an dein Gehirn das Signal „Lächeln" gesendet. Und deinem Gehirn ist es (zum Glück) völlig egal, ob du ein „echtes" Lächelgefühl hast, oder ob du nur so tust. In dem Moment, in dem du lächelst, passiert in deinem Körper ganz viel: Endorphine werden ausgeschüttet, der Stresspegel sinkt und du entspannst.

Mehr über die positiven Auswirkungen von Lachen und Lächeln kannst du auch bei Hirsch (2029) oder Fischer (2024) nachlesen.

Für uns ist an dieser Stelle nur der Aspekt wichtig, ins kreative Tun kommen zu können. Wenn du also beim nächsten Mal das Gefühl hast, dass dir nichts Lustiges, Interessantes, Kreatives einfällt, schnapp dir deinen Bleistift und leg lächelnd los.

5. SCHLUSSWORT

Liebe Leserin, lieber Leser,

wir sind am Ende dieses „Booklets“ angekommen. Ich freue mich, dass du bis zum Ende dabeigeblieben bist und hoffe, dass ein paar Ideen und Anregungen für dich dabei waren. Schicke mir gerne deine Gedanken und/oder Kritik zu diesem kleinen Booklet. Ich freue ich über jede konstruktive Rückmeldung.

Für den Fall, dass dir dieses Werk aber nun überhaupt nicht gefallen hat, biete ich dir eine Geld-zurück-Garantie an. Schicke mir einfach das Buch zusammen mit der Quittung zurück. Und erläutere bitte in 2 – 3 Sätzen, was dir nicht gefallen hat. Ich setze auf deine Fairness und Ehrlichkeit, dass du es nicht einfach nur kopierst und behauptest, dass es dir nicht gefallen hat, sondern dass es du es mit einer bestimmten Erwartungshaltung gekauft hast, die sich – aus welchen Gründen auch immer – nicht erfüllt hat. Ich überweise dir dann den Kaufbetrag per paypal zurück.

Eins noch zum Schluss:

Alle Gedanken in diesem Büchlein basieren auf menschlicher Intelligenz und wurden somit ohne den Einsatz von „künstlicher Intelligenz“ (KI) erstellt.

Ich wünsche dir alles Gute für deine Zukunft, mögest du immer viel Liebe in deinem Herzen tragen, täglich Grund zum Lachen finden und den Genuss des Lebens in vollen Zügen auskosten.

Andrea Voermann

LITERATURVERZEICHNIS

BenGershòm, Ezra (2000). Der Esel des Propheten. Darmstadt: Wissenschaftliche Buchgesellschaft

Chaplin, Charles. Die Geschichte meines Lebens (1977). Frankfurt am Main: Fischer

Fischer, Florian; Pfeiffer, Corinna; Scheel, Tabea (2024). Humor: ein ernstzunehmender Gesundheitsfaktor. Grundlagen und Forschung für den praktischen Einsatz. Kornwestheim: Hogrefe

Hansmeier, Katrin; Ullmann, Eva (2019). Humor: Das Manifest für verzögerte Schlagfertigkeit. Deutsches Institut für Humor

Hirsch, Rolf Dieter (2019). Das Humorbuch. Die Kunst des Perspektivenwechsels in Theorie und Praxis. Stuttgart: Schattauer Verlag

Marisch, Cynthia; Genzel, Lisa; Steiger, Axel; Dresler, Martin (2016) Kreativität und Schlaf.
https://www.researchgate.net/publication/291185982_Kreativitat_und_Schlaf

McGhee, Paul (1994). Humor Log.Dubuqeu/Iowa

Nöllke, Mathias (2002). Schlagfertigkeit. Die 100 besten Tipps. Freiburg: Haufe

Stein, Hannes (2006). Er überlebte wie ein Traumtänzer Berlin: Axel Springer
https://www.welt.de/print-welt/article155589/Er-ueberlebte-wie-ein-Traumtaenzer.html

Titze, Michael; Patsch, Inge (2015). Die Humor-Strategie. Auf humorvolle Art Konflikte lösen. München: Kösel

O.V. (2025) Zauberkunst https://de.wikipedia.org/wiki/Zauberkunst

Domes, Michael; Wagner, Leonie (2020). Haltung (Gesinnung). Bonn: socialnet https://www.socialnet.de/lexikon/Haltung-Gesinnung

Kunsthaus Artes (o.D.) Was ist Dadaismus. Hannover

https://www.kunsthaus-artes.de/magazin-blog/was-ist-dadaismus/

O.V. (2025) Die legendäre Friedensrede von Charlie Chaplin. Berlin: Mediahouse

https://www.rollingstone.de/grosse-dikator-charlie-chaplin-rede-video-2045255/

Bender, S. (2014) Die Axiome von Paul Watzlawick. München

https://www.paulwatzlawick.de/axiome.html

Stude, Klaus Werner (o.D.) Die fünf Grundregeln der zwischenmenschlichen Kommunikation Wiesbaden: Talentus https://www.ffb-seminare.de/die-fuenf-grundregeln-der-zwischenmenschlichen-kommunikation/

Jimenez, Ana Karen (2023) Die 10 Regeln der Kommunikation im Überblick. Sinzig: DCF Verlag https://consultingmagazin.de/die-10-wichtigsten-regeln-der-kommunikation

Illustrationen von Nina Pohovski

DANKE!

Ein herzliches Dankeschön geht an Nina Pohovski für die tollen Illustrationen und an Willi Dressler für deren Bearbeitung, an Christoph Borer für die konstruktive Kritik, die Anregungen und das Vorwort und an Thomas Liewald-Heuermann fürs Korrekturlesen und nicht zuletzt an Thorsten Frank für Lektorat, Layout und die Cover-Gestaltung.

Vielen Dank für eure Unterstützung!

HUMORPRINZIPIEN – AUF EINEN BLICK

Au-ja Haltung
Ja, und... (statt „ ja, aber...“)

Körpersprache
Körper spricht, bevor Worte kommen

Verändere dein Äußeres
Sei ein Chamäleon – aber bleibe du selbst

Mein Partner ist ein Genie
Mein Partner ist ein Genie und ich bin der Komplize, der ihn versteht.

Dadaismus
Alles ist nichts, und nichts ist alles

Offensichtliches Übertreiben
Übertrieben ist untertrieben, wenn es offensichtlich ist

Unsinniges Zustimmen
Ja sagen, ohne Nein zu denken

Inkongruenzen
Worte und Taten, ein ungleiches Paar

Umdeutungen
Die Wahrheit ist flexibel, je nach Perspektive

Bleistift-Methode
Bleistift zwischen die Zähne, Lächeln in den Kopf

Münchhausen Prinzip
Die Wahrheit ist langweilig, also erfinde einfach was Besseres.

LÖSUNG „HUMORSCHACH"

Wenn du die entsprechenden Züge gemacht hast (siehe Seite 18), solltest du jetzt auf dem weißen Regenschirm gelandet sein.

Dieser ist das Sinnbild für achtsamen Humor.

Die übrigen Zeichen stehen symbolisch für die folgenden Begriffe:

Scherz:	Smiley
Humor:	geöffneter Regenschirm
Zynismus:	Schwert
Sarkasmus:	Spottdrossel
Satire:	Feder
Ironie:	Frühstücksei

Leider ist mir nicht bekannt, von wem dieses Kunststück im Original stammt. Meine Version des Humorschachs lehnt sich an das Schachspiel von Marc Weide an.

HUMORWÜRFEL

Wenn du unsicher bist, wie du auf oder in bestimmten Situationen reagieren kannst, würfel es aus. Das Logo gilt als Joker. Du darfst frei wählen, welche Intervention du für passend hältst. Vertrauen erlaubt!

HINWEIS:

Diese Seite darfst Du als einzige gerne kopieren, damit Du den Bastelwürfel von der Kopie ausschneiden kannst, damit Du dieses Buch nicht zerschnippeln mußt. ;-)

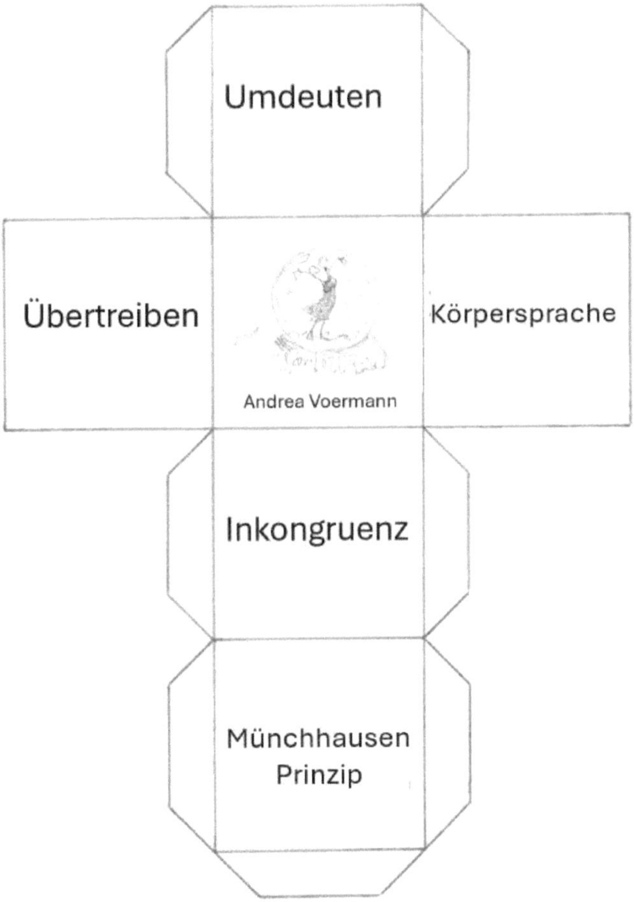

ÜBER DIE ILLUSTRATORIN

Nina Pohovski

Frankfurter Großstadtkind,

nach Oldenburg verpflanzt,

Muttertier und Chameleon,

Proficlownin,

Klinikclownin der Ersten Stunden,

Mediatorin & Supervisorin,

Kunst-& Museumspädagogin

kreativer Lockenkopf

Kontakt: ninapohovski@gmail.com

Zusammen mit der Autorin sind sie das Clownsduo Carlotta & Marylin:

Seelenverwandt, clownsverheiratet-verschwistert-verrückt, Humorspezialistinnen

ÜBER DIE AUTORIN

Andrea Voermann

geboren in Leer/Ostfriesland – das Tor zur Welt - (auf älterer Postkarte gelesen). Schon als Kind wollte sie zum Zirkus oder Schauspielerin werden. Da dies jedoch nicht das war, was ihre Eltern sich unter einem anständigen Beruf vorstellten, lernte sie also zunächst etwas grundsolides und absolvierte eine Ausbildung als Erzieherin, an die sich später noch ein Studium zur Kindheits- und Sozialwissenschaftlerin anschloss.

Nach einer „Midlife-Crisis“ im Alter von 25 Jahren beschloss sie, sich ihren Kindheitstraum vom Schauspiel zu erfüllen und begann eine professionelle Clownsausbildung. Während der Ausbildung zur Clownin lernte sie die Arbeit der Klinikclowns kennen und befand, dass Oldenburg unbedingt Clowns in der Kinderklinik braucht. Also gründete sie die „Klinikclowns Nordwest“, die seit dem Jahre 2000 in Kliniken, Altenheimen und Hospizen in Oldenburg und umzu, Leichtigkeit, Farbe und Magie in den Klinikalltag zu bringen.

Seit sie als Kind einen Zauberkasten zu Weihnachten bekommen hat, hat sie die Faszination für die Magie nicht mehr losgelassen. Sie ist langjähriges Mitglied im MZvD (Magischer Zirkel von Deutschland) und nutz Zaubern als Medium in der Pädagogik und beim Clownsspiel, um mit den Menschen in Kontakt zu kommen.

Sie ist als Humortrainerin für die Stiftung HHH von Eckhard von Hirschhausen und im pädagogischen Bereich als freie Dozentin tätig. Dabei nutzt sie Humor als Werkzeug, um zu zeigen, dass Lernen auch Spaß machen kann und darf.

Sie ist Mitbegründerin des „Theater im Zelt“ zusammen mit Olaf Nollmeyer, sowie des „Duo Chaotica“ zusammen mit Thorsten Frank.

Kontakt: andrea.voermann@gmx.de

Carlotta's
world